D1671260

Fritz Lang

Ökonomische Prozesse in der Volkswirtschaft

Fritz Lang

Ökonomische Prozesse in der Volkswirtschaft

Eine Anatomie der Volkswirtschaft
aus Sicht eines Ingenieurs

Projekte-
Verlag

Impressum

1. Auflage
© Projekte-Verlag Cornelius GmbH, Halle 2007 • www.projekte-verlag.de

Satz und Druck: Buchfabrik JUCO • www.jucogmbh.de

ISBN   978-3-86634-290-3
Preis: 14,50 EURO

Inhaltsverzeichnis

Vorwort

Jedermann ist eingebettet in die Volkswirtschaft eines Landes, und sein Lebensstandard hängt ab von dem Grad der Geschicklichkeit, mit der die Steuerung der Volkswirtschaft vorgenommen wird. Diese Steuerungen erfolgen in der Demokratie durch gesetzlich vorgegebene Rahmenbedingungen, die eine möglichst große Sicherheit gegen den Mißbrauch finanzieller Machtpositionen und für ein sicheres Leben aller Mitbürger in einem angemessenen Wohlstand gewährleisten.

Für eine geschickte Steuerung der Volkswirtschaft ist unbedingt als Grundvoraussetzung die Kenntnis der Mechanismen in der Volkswirtschaft nötig. Diese Mechanismen beruhen im Wesentlichen auf dem Werteaustausch zwischen den Betrieben in der Industrie und dem Werteaustausch auf dem Markt.

Es ist jedoch unmöglich, die Vielzahl der finanziellen und materiellen Teiloperationen in der Wirtschaft als Grundlage für die Ermittlungen der großen Anzahl von Teilmechanismen der Volkswirtschaft heranzuziehen. Es gilt insbesondere vom jeweiligen Wirtschaftssektor unabhängige Kriterien zu ermitteln und generelle Bewegungen und deren Ursachen festzustellen. Zum Beispiel wäre die beinahe gesetzmäßig eintretende Inflationsrate eine solche generelle Bewegung, deren Ursache zu ermitteln wäre, um eventuell über eine Verbesserung dieses Sachverhaltes nachdenken zu können.

Ein ebenso genereller Faktor ist in der Wirtschaft die Tatsache, daß ein Betrieb nur soviel Geld ausgeben kann, wie er einnimmt; aber das was er einnimmt, gibt er auch wieder aus. Dieser Tatbestand ist die Prämisse für die im Folgenden dargestellte Methode zur Erkennung der Abläufe in der Volkswirtschaft.

Die nach der Prämisse folgenden Deduktionen, das sind streng logische Schlußfolgerungen, ergeben Zusammenhänge mit fast mathematischer Präzision. Hier spielen natürlich auch die Gesetzmäßigkeiten bei großen Zahlen eine wichtige Rolle. Einige dieser Zusammenhänge sind bereits bekannt, wie eben z.b. das gleichzeitige Auftreten von der Zahl der Arbeitslosen und Absatzschwierigkeiten beim Einzelhandel. Diese punktweisen Erkenntnisse reichen jedoch nicht aus, um eine effektive Steuerung der Volkswirtschaft bewirken zu können

Ich habe den Versuch unternommen, die in der Volkswirtschaft ablaufenden Vorgänge in einem möglichst umfassenden Modell unterzubringen, das für viele Entscheidungen eine wertvolle Hilfe sein kann. Mit diesem Modell verkleinert man die Volkswirtschaft auf die Größe eines DIN A4 Blattes und untersucht die Zusammenhänge mit Lupe und Mikroskop. Die Betriebe erscheinen so als Zellen der Volkswirtschaft und die beteiligten Menschen haben nur noch die Größe eines Atoms. Einer objektiven Behandlung des Stoffes steht dann nichts mehr im Wege. Die Betriebe und Menschen erscheinen so als willenlos und funktionieren wie physikalische Teilchen. Eine solche Behandlung erfordert auch dieser Stoff, weil dessen Kenntnisnahme sonst durch Gruppenegoismus, Emotionen und Polemik im Sande verlaufen könnte.

Fritz Lang

Definitionen

Volkswirtschaft

Volkswirtschaft, wie sie hier gemeint ist, ist das Zusammenwirken von Industrie, einschließlich Verteilungs- und Dienstleistungsindustrie, Markt, Banken, Finanzamt mit seinen Steuern, Versicherungen sowie den Bedürfnissen der Menschen im privaten Bereich. Der Willen einzelner Personen spielt hier keine Rolle. Eine Volkswirtschaft erstreckt sich über das Gebiet eines Staates oder Landes. Eine einheitliche Währung sollte aber angenommen werden.

Betrieb

Die Zelle der Volkswirtschaft ist der Betrieb. Dabei sollen die Größe, die Anzahl der Mitarbeiter und die Eigentumsverhältnisse keine Rolle spielen. Er soll im Allgemeinen als räumlich begrenzte Produktionsstätte aufgefaßt werden, in der Produkte hergestellt oder verteilt werden. Ebenso sind natürlich breit gestreute Betriebseinrichtungen, wie Verkehrsunternehmen u.a. einzubeziehen. Ein Betrieb kann eine große Reederei oder ein Ein-Mann-Betrieb sein, ein Teilbetrieb eines großen Konzerns oder ein Friseurgeschäft.

Industrie

Die Industrie ist die Gesamtheit aller Betriebe in einem Territorium, in dem eine einheitliche Währung gilt.

Arbeitslohn

Arbeitslohn, wie er hier gemeint ist, ist das Geld, das der Betrieb den beteiligten Mitarbeitern für den Lebensunterhalt auszahlt. Zu den Mitarbeitern zählen:

Arbeiter und Angestellte
Leitungspersonal
Unternehmer
Aktionäre
Blindgänger

Bidirektionaler Wertefluß

Die Volkswirtschaft ist gekennzeichnet durch die Lieferungen von Produkten von einem Betrieb zum anderen sowie durch den Verkauf von Waren auf dem Markt. Produkte und Waren beinhalten Werte, die durch die Bezahlung in entgegengesetzter Richtung kompensiert werden. Die Form der Bezahlung in bar oder bargeldlos ist belanglos. Die Lieferung von Produkten oder Waren und deren Bezahlung sind zwei entgegengesetzte Werteflüsse. Ebenso sind die Überweisungen von und zur Bank oder Umbuchungen von einem Konto zum anderen auf Grund von notwendigen Bezahlungen Werteflüsse.

1. Der Betrieb als Zelle der Volkswirtschaft

Ein Betrieb produziert Produkte mit einem Wert als Inhalt und bekommt diesen Wert als Verkaufserlös zurück. Von diesem Erlös müssen alle Ausgaben abgedeckt werden. Das sind:

Löhne
Material, Rohstoffe, Energie usw.
Tilgung und Zinsen für Kredite
Steuern
Versicherungsbeiträge
u.a.m.

Es ist aber zu unterscheiden:

Verbindungen zur vorgelagerten Industrie
Löhne als Verbindung zum privaten Bereich
Verbindungen zur nachgelagerten Industrie oder zum Markt
Abgaben zur Bank, wie Zinsen und Tilgungen für Kredite
Versicherungsbeiträge
Steuern

Von den Einzahlungen an die Banken, die Versicherungen und an das Finanzamt fließt ein großer Teil wieder zurück als:

Kredite
Versicherungsleistungen
Zinsen für Bankguthaben
u.a.m.

Im weiteren werden die Einrichtungen

Banken, Finanzamt (Steuern + Gebühren),
Versicherungen = BSV

genannt.

In jedem Betrieb müssen sich Ausgaben und Einnahmen, also
zu- und abfließende Werteflüsse die Waage halten.

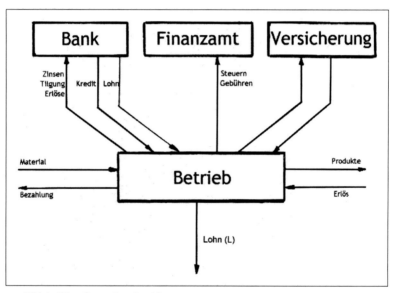

Bild 1 Werteflüsse eines Betriebes

> *Alles, was vom Betrieb ausgegeben wird,*
> *muß als Verkaufserlös eingenommen werden.*
>
> *Alles, was der Betrieb einnimmt,*
> *wird auch ausgegeben.*

Damit wird der Betrieb, unabhängig von der Größe und vom Erzeugnissortiment, zu einem abstrakten, aber berechenbaren Teil der Volkswirtschaft.

2. Produktionskette einfachster Art

Es sind hier wieder zu unterscheiden vorgelagerte und nachgelagerte Industrie. Die Werteflüsse in Richtung BSV und in entgegengesetzte Richtung ergeben als Summe einen Wertefluß in Richtung BSV, erkenntlich wird das an den Steuern.

Wertefluß in Richtung BSV = A = Abgaben

Bei dem untersuchten Betrieb enthält der Wertefluß der Produkte die Addition von

· angelieferten Materialien, Produktionsmitteln und Dienstleistungen
· Löhnen
· Abgaben

Es ist also

$$P_A = P_E + L + A$$

und

$$E_A = P_A$$

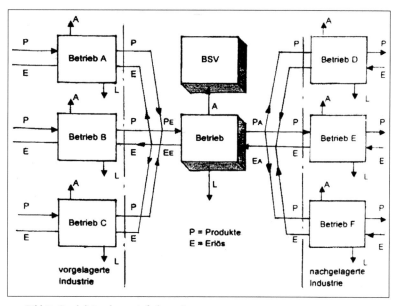

Bild 2 Produktionskette einfachster Art

3. Hintereinander angeordnete Produktionskette

Bei den nach rechts gerichteten Werteflüssen addieren sich entsprechend Abschnitt 2 bei jedem Betrieb die Abgaben und Löhne. Es ist also

$$P = P_1 + L_1 + A_1 \quad \longrightarrow \quad P - P_1 = L_1 + A_1$$

$$P_1 = P_2 + L_2 + A_2 \quad \longrightarrow \quad P_1 - P_2 = L_2 + A_2$$

$$P_2 = P_3 + L_3 + A_3 \quad \longrightarrow \quad P_2 - P_3 = L_3 + A_3$$

$$P_3 = P_0 + L_4 + A_4 \quad \longrightarrow \quad P_3 - P_0 = L_4 + A_4$$

$$\text{Summe:} \qquad P_3 - P_0 = \begin{array}{l} (L_1 + L_2 + L_3 + L_4) \\ +(A_1 + A_2 + A_3 + A_4) \end{array}$$

$$\boxed{P = P_0 + \Sigma\, L_i + \Sigma\, A_i}$$

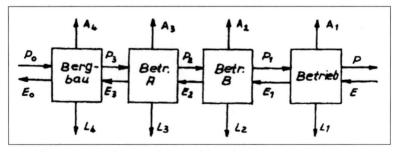

Bild 3 Hintereinander angeordnete Produktionskette

4. Produktionskette
mit rückwärtigen Verkettungen

Bei jedem Betrieb müssen auch die Wertezugänge den Werteabgängen entsprechen. Es ergibt sich somit:

$$P + P_{v1} = P_1 + L_1 + A_1$$

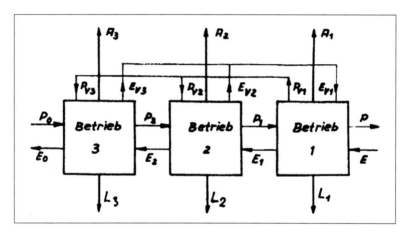

Bild 4 Produktionskette mit rückwärtiger Verkettung

Erweitert man dieses Verfahren auf alle Betriebe des Bildes 4, so ergibt sich:

$$P + P_{v1} \quad = P_1 + L_1 + A_1$$

$$P_1 \quad = P_2 + L_2 + A_2 + P_{v2}$$

$$P_2 \quad = P_0 + L_3 + A_3 + P_{v3}$$

Werden alle P-Werte auf der rechten Seite des Gleichungssystems von den Gleichungen subtrahiert, so ergibt sich:

$$P - P_1 + P_{v1} = L_1 + A_1$$

$$P_1 - P_2 - P_{v2} = L_2 + A_2$$

$$P_2 - P_0 - P_{v3} = L_3 + A_3$$

Summe:
$$\left\{ \begin{array}{c} P - P_0 + P_{v1} \\ - P_{v2} - P_{v3} \end{array} \right\} = \left\{ \begin{array}{c} L_1 + L_2 + L_3 \\ +A_1 + A_2 + A_3 \end{array} \right\}$$

Mit $\quad P_{v1} = P_{v2} + P_{v3} \quad$ erhält man daraus

$$P = P_0 + \Sigma L_i + \Sigma A_i$$

> Auch eine rückwärtige Verkettung ändert nichts an dem Ergebnis des Abschnittes 2.

18

5. Beispiel Autoproduktion –
abgeschlossenes Produktionssystem

Verfolgt man die Produktionskette zurück bis zum Bergbau, erhält man Aussagen über den gesamten Wert der gelieferten Produkte P. Es wurde bereits im vorhergehenden Abschnitt darauf hingewiesen, daß rückwärtige Verkettungen nichts am Ergebnis ändern. Sind mehrere Zulieferbetriebe erforderlich, so muß natürlich vom Autowerk die Summe aller Zulieferun-

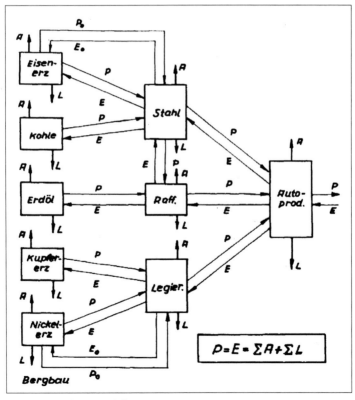

Bild 5 Beispiel Autoproduktion

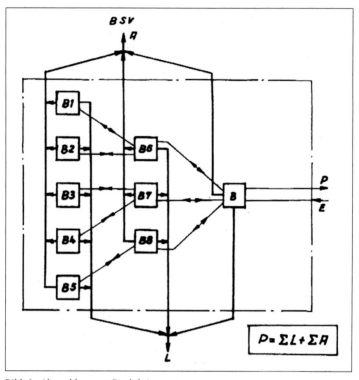

Bild 6 Abgeschlossenes Produktionssystem

gen bezahlt werden. Die Produkte, die das Stahlwerk an die Raffinerie liefert, müssen von der Raffinerie bezahlt werden. Diese stellt dann die Kosten dem Autowerk in Rechnung. Der im Stahlwerk dafür gezahlte Lohn und die dafür gezahlten Abgaben werden letztlich vom Erlös des Autowerkes bezahlt, sind also im Wert der Produkte P enthalten.

Da bei dieser Produktionskette linksseitig nur Bergbaubetriebe liegen, ist sie ein abgeschlossenes Produktionssystem. In einem solchen System beträgt der Wert der Produkte vom letzten Werk genau die Summe aller gezahlten Löhne und Abgaben. Das ist im Bild 6 noch einmal übersichtlich dargestellt.

6. Zusammenwirken mehrerer Produktionssysteme

Im Bild 7 ist das Zusammenwirken von zwei Produktionssystemen dargestellt. Es sind Betriebe vorhanden, die für zwei Endprodukte Materialien liefern. Dort werden genau aufwandsproportional für beide rechts liegenden Betriebe Löhne und Abgaben aufgeteilt. Man kann das so auffassen, als ob ein solcher Betrieb in zwei Betriebsteile aufgeteilt wird und jeder Betriebsteil einem Produktionssystem zugeordnet wird. So ergeben sich die gleichen Ergebnisse wie in Abschnitt 5.

Man erhält für die im Bild 5 dargestellten Systeme:

$$P_I = L_I + L_{II} + A_I + A_{II}$$

$$P_{II} = L_{II} + L_{III} + A_{II} + A_{III}$$

Diese Art der Betriebsaufteilung für mehrere Produktionssysteme ist somit für die gesamte Volkswirtschaft anwendbar.

> Der Wert eines jeden Produktes läßt sich zusammensetzen aus der Summe aller dafür ausgegebenen Löhne und Abgaben bis zurück zum Bergbau.

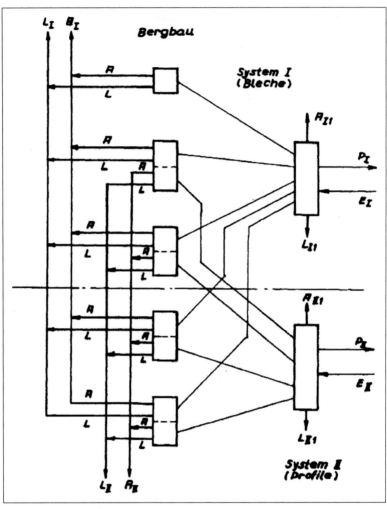

Bild 7   Zwei Produktionssysteme
         Auftragsbearbeitung

22

7. Der Verbleib der Abgaben

Die Abgaben sind die Differenzen zwischen den in Richtung BSV fließenden Werteflüssen und den zurückfließenden. Als Beispiele sollen folgende Werteflüsse genannt werden.

7.1 Werteflüsse zu und von den Banken

Hinfließende Werteflüsse:
- Bezahlung von angelieferten Materialien
- Bargeldeinzahlungen aus verkauften Produkten
- Gewinneinzahlungen für spätere Investitionen (fließt später wieder zurück)
- Tilgung und Zinsen für Kredite

Zurückfließende Werteflüsse
- Kredite
- Bargeld für Lohnzahlungen
  (es ist leichter überschaubar, wenn grundsätzlich alle Löhne als Barzahlung aufgefaßt werden)
- Zinsen für Bankguthaben

Der einzige Wertefluß zur Bank, der keinen Rückfluß nach sich zieht, sind die Zinsen für Kredite. Genauer, die Differenz zwischen Zinsen für einen erhaltenen Kredit und Zinsen für Bankguthaben. Alle anderen Werteflüsse zur Bank ergeben früher oder später Rückflüsse.

A_B = resultierender Wertefluß zur Bank

Was geschieht mit dem Wertefluß A_B?

In erster Linie wird davon der Lohn der Bankmitarbeiter bezahlt. Zweitens werden davon Kapitalien gebildet, die in die Industrie als Produktionsmittel zurückfließen. Im Rahmen der Volkswirtschaft ergibt sich ein Wertefluß zu den Banken, der genau die zu zahlenden Löhne für die Mitarbeiter der Banken beinhaltet.

A_B = Löhne der Bankangestellten

7.2 Staatshaushalt

Mit den eingezahlten Steuern und Strafgeldern haben die Haushalte von Bund und Ländern Ausgaben für folgende Bereiche zu bestreiten:

Sozialwesen
Polizei und Feuerwehr   - Gelder fließen direkt in den privaten Bereich
Straßen- und Kanalbau   - Löhne + Material
Erhalten von Baudenkmalen   - Löhne + Material
Kunst und Wissenschaft   - Löhne + Material
Landesverteidigung
u.a.m.

A_S = Abgaben an den Staatshaushalt = Löhne + Material

Umstritten ist meistens die Landesverteidigung. Die Auswirkungen einer fehlenden Landesverteidigung kann der einschätzen, der die Zeit vom Kriegsende bis zur Bildung eigener Regierungen miterlebt hat. In solchen Zeiten ist eine Privatperson wehrlos allen Übergriffen ausgesetzt. Gegenwärtige Beispiele sind Jugoslawien u.a. Die Landesverteidigung hat also eine wichtige Aufgabe für den privaten Bereich.

7.3 Versicherungen

Es sind dort im wesentlichen zwei Werteflüsse zu unterscheiden:

- Einzahlung der Versicherungsbeiträge
- Auszahlung von Versicherungsleistungen

Die Differenzen beider Werteflüsse ist wiederum der Lohn für die Mitarbeiter der Versicherungen. Im Falle der Kapitalbildung ergeben sich die gleichen Verhältnisse, wie im Abschnitt 7.1 erläutert wurde. Es ist also:

$$A_V = \text{Löhne der Mitarbeiter in den Versicherungen}$$

8. Generelles Modell der Volkswirtschaft

Im Bild 8 ist das Modell der Volkswirtschaft dargestellt. Die Industrie umfaßt alle Bereiche vom Bergbau bis zur Verteilungs- und Dienstleistungsindustrie. Es gilt immer das im Abschnitt 6 gesagte, daß der Produktwert die Summe aller Löhne und Abgaben der vorgelagerten Industrie mit enthält. Quer- und Rückverbindungen ändern daran nichts. Das heißt aber, daß sämtliche Löhne und Abgaben der Industrie von der rechts außen liegenden Verteilungs- und Dienstleistungsindustrie eingenommen werden müssen, und dort gibt es nur Konsumgüter und Dienstleistungen, die an den privaten Bereich verkauft werden müssen. Das heißt:

> Der private Bereich muß alle Ausgaben der
> Industrie und der BSV bezahlen.

und deshalb

> Alle in der Industrie geschaffenen Werte fließen
> letztendlich in den privaten Bereich.

Ausgaben, die für den privaten Bereich keinen Nutzen bringen, sind sinnlose Ausgaben. Auch die Landesverteidigung ist dazu da, den privaten Bürger zu schützen.

Zur BSV:

Im Abschnitt 7 wurde bereits festgestellt, daß alle Abgaben zu Löhnen und Material oder Produkten werden. Diese Lieferungen aus der Industrie werden dort aber auch wieder zu Löhnen. Das bedeutet letztlich, daß alle Einnahmen der Verteilungs- und Dienstleistungsindustrie zu Löhnen werden müssen. Die Löhne treten aber wiederum auf dem Markt als Kaufkraft auf.

Zur Kaufkraft auf dem Markt:

Die Kaufkraft setzt sich zusammen aus der Gesamtheit aller Löhne und den Versicherungsleistungen. Die Spareinlagen sind abzuziehen.

Zur Gesamtfunktion:

Die Kaufkraft wird einerseits gebildet aus den gesamten Löhnen und Versicherungsleistungen; andererseits ist sie der Erlös der Verteilungs- und Dienstleistungsindustrie, der wiederum zu den Löhnen wird. Eine solche Konfiguration wird in der Elektronik „*Regelkreis*" genannt.

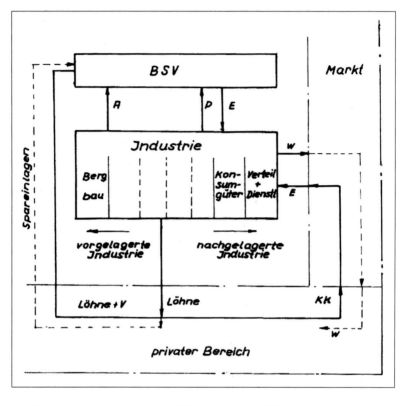

$A = A_B + A_S + A_V$ W = verkaufte Waren

V = Versicherungsleistungen wie Renten, Krankengeld u.a.m.

Bild 8   Generelles Modell der Volkswirtschaft

9. Die Industriepyramide

Von der Grundstoffindustrie, wie Bergbau, Land- und Forstwirtschaft, fließen die Produkte mit ihren Werten in jeweils nachgeordnete Industriebereiche. Sie durchlaufen die gesamte Pyramide, deren Erzeugnisbreite nach unten hin zunimmt, bis sie die Verteilungs- und Dienstleistungsindustrie erreichen. Noch genauer ausgedrückt: Es fließen nur die Werte der Produkte von oben nach unten. Die realen Produkte werden unterwegs verbraucht.

Es ist klar zu erkennen, daß die Erlöse auf dem Markt ohne erkennbare Verluste zu Löhnen, Renten oder Versicherungsleistungen werden. Dort fließen sie wieder in den privaten Bereich. Das bedeutet:

> Alles was produziert wird, muß wertmäßig durch den privaten Bereich.

Das bedeutet aber auch, daß z.b. Steuergelder nur dort einzusetzen sind, wo ein Nutzen für den privaten Bereich erzielbar ist. Querverbindungen zwischen Industrie und BSV, zum Beispiel der Erwerb von Produktionsmitteln für die Landesverteidigung, müssen vom Erlös auf dem Markt abgedeckt werden.

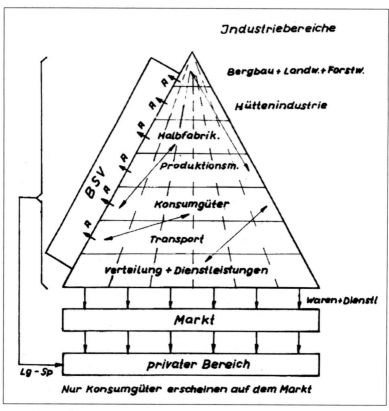

Bild 9   Industriepyramide

10. Der Charakter des Marktes

Im Bild 10 sind die Bestandteile des Marktes dargestellt. Da ist das links aus der Industrie herkommende

> Waren- und Dienstleistungsangebot = WA

das ist die Summe aller Waren- und Dienstleistungspreise. Die angebotenen Waren sind im allgemeinen Konsumgüter, wie es im Abschnitt 9 erläutert wurde. Das schließt aber nicht aus, daß Produkte aus vorgelagerten Industriebereichen als Waren angeboten werden können. In der Landwirtschaft werden oft direkt vom Bauern die Produkte zum Verkauf angeboten. Aber auch Bastlerartikel können durchaus den Charakter von Produktionsmittel haben. Von rechts kommt die Kundschaft aus dem privaten Bereich mit ihren

> Bedürfnissen = BD

Wie jeder weiß, sind die Bedürfnisse meistens sehr hoch, aber es fehlt das nötige Geld. Die Kunden bringen nur das Geld mit, das sie für ihre Arbeitsleistung erhalten haben. Wenn man die Versicherungsleistungen addiert und die Spareinlagen subtrahiert, erhält man die

> Kaufkraft = KK = Löhne +
> Versicherungsleistungen − Spareinlagen

Die Kaufkraft begrenzt beide Seiten des Marktes. Die rechte Seite erzeugt damit den

> Bedarf = B

Die linke Seite macht damit den

Umsatz = U

Der Kapitalüberschuß ist die amortisierte Kapitalmenge, die nicht für neue Investitionen Verwendung findet. Er ist am besten daran erkennbar, daß Investitionen im Ausland angestrebt werden.

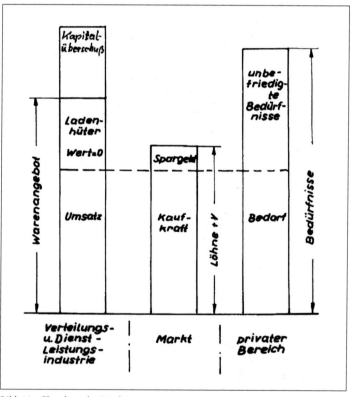

Bild 10   Charakter des Marktes

11. Das Absatzrisiko

Im Bild 10 ist zu erkennen, daß nicht alle Waren des Warenangebotes verkauft werden können. Daraus ergibt sich für die gesamte Industrie ein Absatzrisiko mit der Größe

$$\text{Absatzrisiko} = r = \frac{WA}{KK} > 1$$

Das heißt, daß alle angebotenen Waren einen um den Faktor r höheren Preis als ihr Wert haben. Der produzierende Betrieb ist darauf angewiesen, weil der Wert seiner angebotenen Produkte auch nur den Wert des Erlöses hat. Ladenhüter haben keinen Wert. Alle Kosten, auch die der Ladenhüter, müssen aus dem Erlös gedeckt werden.

12. Rangordnung der Bedürfnisse

Um den Charakter des Marktes noch etwas genauer kennenzulernen, muß man die Rangordnung der Bedürfnisse zumindest annähernd betrachten. Es ist mit Sicherheit anzunehmen, daß eine Familie mit einem Einkommen am Existenzminimum sich keine große Urlaubsreise leisten kann. Je nach dem Einkommen werden sich also hinsichtlich der Angebotssektoren Bedürfnisverschiebungen ergeben.

Im Bild 11 ist diese Rangordnung mit einer groben Schätzung dargestellt. Dort kann man zum Beispiel erkennen, daß es keinen Zweck hat, die Einkommen von Personen über den Einkommens-Mittelwert anzuheben, um den Absatz von Autos anzuheben. Eine solche Darstellung ist sicher eine wertvolle Hilfe bei Entscheidungen zur Marktbelebung. Dazu wären jedoch genauere statistische Daten noch zu ermitteln.

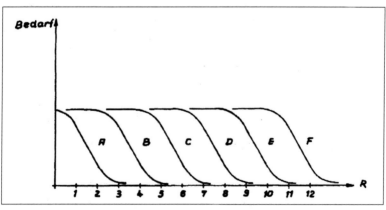

Bild 11 Rangordnung der Bedürfnisse für einen Zweipersonenhaushalt

Monatseinkommen	Bedürfnis
A: bis 0,2 M B: bis 0,5 M C: bis 1 M D: bis 1,6 M E: bis 2,5 M F: bis 4 M M = Mittelwert	R=1: Grundnahrungsmittel R=2: Kleidung R=3: Wohnung R=4: Heimelektronik R=5: Auto R=6: reisen, Freizeitgestaltung R=7: höherwertige Kleidung R=8: höherwertige Nahrungsmittel R=9: Schmuck R=10: höherwertige Wohnung

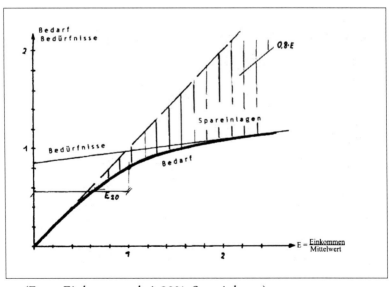

(E_{20} = Einkommen bei 20% Spareinlagen)

Bild 12 Bedarf bei höheren Einkommen

Im Bild 12 ist dargestellt, welcher Anteil des Monatseinkommens auf dem Markt als Bedarfsanteil wirksam wird. Mit zunehmendem Einkommen werden zunehmend Spareinlagen gebildet, die dann natürlich als Kaufkraft auf dem Markt fehlen. Es kommt aber darauf an, was aus den Spareinlagen wird. Bei niederen Einkommen werden sicher die Spareinlagen für größere Ausgaben wieder auf dem Markt wirksam. Wenn aber die Familie ein Eigenheim besitzt, zwei Autos vorhanden sind, die Kinder bestens ausstaffiert sind, ist eine größere Steigerung des Konsums kaum noch möglich. Das über den Verbrauch hinausgehende Einkommen wird in Wertpapieren, Aktienfonds und ähnlichem angelegt. Das bedeutet aber auch, daß das Geld in der Industrie wieder zur Erhöhung des Warenangebotes bzw. Erhöhung des überflüssigen Kapitals mit den damit verbundenen negativen Folgen verwendet wird.

Mit zunehmend höheren Monatseinkommen wird der Anteil zur Bildung des Bedarfs immer geringer.

13. Das Gleichgewicht in der Volkswirtschaft

Das Gleichgewicht in der Volkswirtschaft stellt sich ein, wenn die Summe der gezahlten Löhne dem Erlös der Verteilungs- und Dienstleistungsindustrie entsprechen. Durch die Einflüsse der Versicherungen und der Spareinlagen sind kleine zeitliche Verschiebungen bei der Funktion des Regelkreises vorhanden. Größere Verschiebungen ergeben sich durch die Akkumulationen zur Kapitalbildung.

Aus diesen Hinweisen ist schon zu ahnen, daß jede verlorene Mark das Gleichgewicht stören kann. Ein Beispiel:

Angenommen wird, daß die gezahlten Löhne geringer sind als der Marktumsatz.
Das bedeutet, daß kurze Zeit später wegen der fehlenden Kaufkraft der Marktumsatz ebenfalls sinkt.
Umgekehrt gilt das gleiche.

Wenn der Regelkreis im Gleichgewicht bleiben soll, ist eine Steuerung erforderlich. Es ist jedenfalls nicht anzunehmen, daß bei der Vielzahl von Störungsmöglichkeiten, positiver wie negativer, der Regelkreis im Gleichgewicht bleiben soll.

Die Vergangenheit zeigt nur selbstständig ablaufende Rezessionen. Sie waren immer begleitet von Geldentwertung, Arbeitslosigkeit, Bankrotten und Schlimmerem. Die Belebung einer Volkswirtschaft wurde in der Vergangenheit meistens durch Kriege oder Kriegsvorbereitungen erzielt. Eine Ausnahme bildete die Einführung der Rentenmark im Jahre 1924.

Allgemein kann festgehalten werden, daß eine konstante Prosperität in einer Volkswirtschaft über einen längeren Zeitraum
bisher noch nicht zustande gekommen ist.

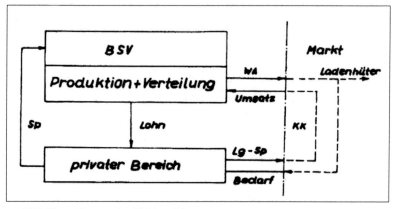

Bild 13 zur Störung des Gleichgewichtes

14. Störung des Gleichgewichtes

14.1 Rationalisierung in der Volkswirtschaft

Die stetige Rationalisierung der Produktionsprozesse ist ein notwendiger Bestandteil der betrieblichen Reproduktionsvorgänge. Sie ist die Grundlage für die Weiterentwicklung der Zivilisation und des menschlichen Lebens, z.b. auch für die ständige Verkürzung der Arbeitszeiten und damit für die Erweiterung des kulturellen Bestandteils des Lebens.

Bereits aber die allgemein üblichen normalen Rationalisierungen in den Produktionsprozessen führen zur Rezession in der Volkswirtschaft. Durch die Rationalisierung werden mehr Produkte in der Zeiteinheit hergestellt als vorher – unter den Randbedingungen:

· gleiche Produkt- oder Warenpreise
· gleiche Löhne pro Zeiteinheit
· gleiche Anzahl der Mitarbeiter

bei allen sonst gleichbleibenden Gegebenheiten in der Volkswirtschaft ändert sich nur das Warenangebot. Es gibt mehr Ladenhüter. Damit ist der folgende Zyklus vorprogrammiert:

· Erhöhung des Risikofaktors
· Erhöhung der Preise
· Wiederum geringerer Absatz
· weitere Erhöhung des Risikofaktors
u.s.w.

Mit der Rationalisierung ergibt sich ein selbstständig ablaufender Vorgang der Regression, wobei der eben skizzierte Zyklus ständig wiederholt wird.

14.2 Die Entlassung von Arbeitern

Durch die stetige Rationalisierung wird es möglich, Arbeitskräfte freizusetzen, wie es gegenwärtig im großen Maße gehandhabt wird. Zunächst wird Arbeitslosenversicherung gezahlt, das ist kein Lohn mehr, sondern eine Versicherungsleistung, die von anderen Arbeitskräften aufgebracht werden muß. Das ändert sich auch nicht, wenn Arbeitslosenhilfe gezahlt wird. Insgesamt fehlt in der Wirtschaft der ausgefallene Lohn.

Insgesamt belastet ein Arbeitsloser die Volkswirtschaft durch folgende Fehlleistungen:

· ausgefallene Arbeitsleistung und damit ausgefallener Beitrag zur Wertebildung in der Volkswirtschaft
· Arbeitslosengeld und Arbeitslosenhilfe müssen die anderen Arbeiter aufbringen
· geringere Kaufkraft auf dem Markt.

Ein Arbeitsloser belastet die Volkswirtschaft dreifach.

14.3 Erweiterung eines Warensektors

Die Verteuerung der Waren in einem Warensektor, zum Beispiel bei der Miete, ergibt eine Senkung der Kaufkraft in den anderen Sektoren. Vergleiche hierzu die Industriepyramide.

14.4 Die Arbeitslosigkeit

Aus dem Marktgeschehen geht hervor, daß die Reduzierung der Kaufkraft eine Reduzierung der Warenproduktion verlangt, die wiederum eine Reduzierung der Arbeitsplätzeanzahl nach sich zieht.

> Die Entlassung von Arbeitskräften und damit der Grund für die Arbeitslosigkeit ist eine Folge der Kaufkraftreduzierung und nicht umgekehrt.

Wenn man als Ursache der Kaufkraftreduzierung die Arbeitslosigkeit in Betracht zieht, wird damit die Instabilität des Regelkreises Volkswirtschaft erkennbar.

15. Die Außenwirtschaft

Die Außenwirtschaft besteht aus Werteflüssen in andere Volkswirtschaften und zurück. Die Problematik daran ist, daß die Werte in zwei Währungen zu rechnen sind. Es gilt daher zu beachten, daß der Werteausgleich bei Lieferung und Bezahlung in beiden Währungen zu gewährleisten ist. Beim Außenhandel sind deshalb die Werte die Berechnungsgrundlage und nicht die Preise.

Der Außenhandel ist in der Volkswirtschaft auf der Industrieseite, vom Markt aus betrachtet ab der Verteilungsindustrie und Dienstleistung, angeordnet. Die private Seite wird davon überhaupt nicht berührt, obwohl sie natürlich Erfolg oder Mißerfolg tragen muß. Aus diesem Grunde ist es nicht möglich, mit Hilfe des Außenhandels die Situation der Volkswirtschaft eines Landes zu beeinflussen – weder positiv noch negativ.

So sinnvoll der Außenhandel für die Erweiterung des Warensortimentes auf dem Markt ist, kann damit die Prosperität der Volkswirtschaft wegen des Werteausgleiches nicht verändert werden. Eine solche Veränderung wäre möglich, wenn man sich vom Werteausgleich trennt, wie es mitunter nach Kriegen der Fall war. Im Zeitalter der Demokratie und des friedlichen Zusammenlebens zwischen den Staaten kann es nur den Werteausgleich beim Außenhandel geben. Handelsbeschränkungen im Außenhandel schaden meistens beiden beteiligten Ländern.

Ein besonderes Problem ist der Außenhandel mit Entwicklungsländern. Es muß dafür gesorgt werden, daß der Unterschied der Werteflüsse dorthin und zurück beseitigt wird.

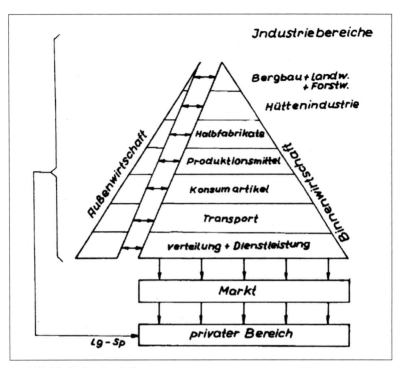

Bild 14 Außenwirtschaft

Die Außenwirtschaft ist eine Erweiterung der Binnenwirtschaft
mit Werteausgleich.

16. Das Volkswirtschaftliche Paradoxon

Dazu betrachtet man das ganze Marktgeschehen der Volkswirtschaft als riesigen Ladentisch. Auf der einen Seite die Unternehmer mit den Waren- und Preisangeboten, auf der anderen Seite die Konsumenten mit den Bedürfnissen und der Kaufkraft.

Von den angebotenen Waren werden die meisten verkauft. Ein Rest, die Ladenhüter, bleiben liegen. Die Ladenhüter haben wie die verkauften Waren Selbstkosten verursacht, die vom Verkaufserlös mit getragen werden müssen. Der Unternehmer muß also bei der Preiskalkulation einen Risikofaktor r berücksichtigen, z.b. muß er auf den Grundpreis 10% aufschlagen; d.h. r = 1,1. Der Unternehmer kann sicher nach einigen Monaten nach Einführung einer Erzeugnisgruppe schon recht gut den Risikofaktor einschätzen.

Das Problem tritt dann auf, wenn der Verkauf dieser Erzeugnisgruppe aus irgendwelchen Gründen nachläßt. Der Unternehmer stellt fest, daß sein Risikofaktor nicht mehr stimmt, er muß größer sein. Die Selbstkosten sind aber konstant geblieben oder sind sogar gestiegen. Er multipliziert also den Grundpreis der Erzeugnisse wie üblich mit dem neuen größeren Risikofaktor und erhält einen höheren Preis. Nachdem der Verkaufspreis erhöht wurde, stellt der Unternehmer einige Zelt später einen noch steileren Abfall der Verkaufszahlen fest. Es müßte nun wieder der Verkaufspreis erhöht werden, was dann zum endgültigen Absatztod führen muß.

Man muß natürlich für die ganze Volkswirtschaft einen Mittelwert bilden. Dieses paradoxe Verhalten kann auch bei vielen anderen Vorgängen in der Volkswirtschaft festgestellt werden.

Rationalisierung	ergibt höhere Preise
Entlassung von Arbeitskräften	ergibt höhere Preise
Erhöhung von Steuern	ergibt höhere Preise ergibt dann weniger Umsatz ergibt dann weniger Steuern
Lohnkürzungen	ergeben höhere Preise.

Natürlich kennen die Unternehmer diese Probleme und versuchen durch Schlußverkäufe, Spenden u.a.m. die Auswirkungen zu vermindern. Es gibt aber auch schadhafte Auswüchse, wie Vernichtung von Erzeugnissen u.a.m. In besonders krassen Fällen werden Preiserhöhungen durch Gesetze erzwungen, wie z.B. bei Wasser, bei Mieten u.a.

17. Wirtschaftsstimulierungen und Fehlstimulierungen

Das im vorigen Kapitel behandelte volkswirtschaftliche Paradoxon ist natürlich über die gesamte Volkswirtschaft zu mitteln. Um stimulieren zu können, müssen zunächst erst einmal Meßwerte vorliegen, nach denen stimuliert werden kann. Wenn beim Menschen der Blutdruck stimuliert werden soll, muß er erst einmal gemessen werden. Zunächst ist zu klären, welche Größe gemessen werden soll. Aus den Kapiteln 1 bis 12 geht eindeutig hervor, daß der Umsatz des Einzelhandels + Umsatz der Dienstleistungen (an private Kunden) alle in der Industrie geschaffenen Werte enthält. Das ist die wichtigste Größe der Volkswirtschaft – und nicht das Bruttosozialprodukt. Damit ist auch der Meßpunkt festgelegt. Zu messen ist also

> Umsatz Einzelhandel + Umsatz der Dienstleistungen an Privatkunden = ED

beim Marktgeschehen.

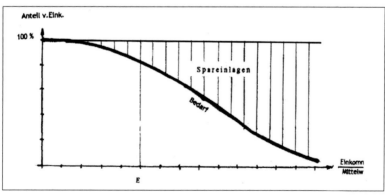

Bild 15 zur Wirtschaftsstimulierung

Solange die Größe ED konstant bleibt oder steigt, ist keine Gefahr in Sicht, anders ist es, wenn diese Größe fällt. Das ist gleichbedeutend mit dem Fallen der Werteschaffung in der Industrie. Aus dem Kapitel Marktwirtschaft ist bekannt, daß der Gesamtumsatz ED vom Bedarf der Konsumenten bestimmt wird und der wiederum von der Kaufkraft der Konsumenten, wenn die entsprechenden Bedürfnisse vorliegen.

Die Stärkung des Bedarfes:

Es bedarf also der Erhöhung der Kaufkraft und das kann nur durch Zuführung von Geldmitteln an die Konsumenten erzielt werden. Es geht also darum, den gewünschten Effekt mit einer minimalen Geldmenge zu erzielen.

Aus Bild 12 läßt sich eine Abhängigkeit des Bedarfsanteils als Funktion des Einkommens ableiten, diese ist im Bild 15 dargestellt. Es ist also zu erkennen, daß bei geringen Einkommen die Wirksamkeit einer Währungseinheit zum Nutzen der Wirtschaft größer ist als bei höheren Einkommen. Die Grenze kann zunächst willkürlich bei dem Punkt E, also etwa beim mittleren Einkommen, gesetzt werden. Bei allen Geldzuwendungen an Inhaber von Monatseinkommen unterhalb E fließen somit mindestens 80% direkt in die Wirtschaftsförderung. Bei einem Fördermittelumfang von 100 Mio. Euro werden also mehr 80 Mio. Euro direkt in die Volkswirtschaft eingeleitet. Oberhalb E ist der Nutzen dann wesentlich geringer. Oberhalb des Einkommens vom doppelten Mittelwert kann der Nutzen weniger als 50% betragen. Geldzuwendungen bei Einkommen oberhalb des Mittelwertes haben nur noch wenig Nutzen. Natürlich müssen dazu noch genauere statistische Werte ermittelt werden.

18. Geld, Geldwert und Lebensstandard

Die Waren, die auf dem Markt verkauft bzw. gekauft werden, bezahlt man mit Geld. Das Geld übernimmt hier die Nachfolge des Werteflusses in Form von Produkten vom Käufer zum Verkäufer beim Warentausch. Das Geld repräsentiert einen Wert, den Geldwert. Zur Definition der Größe des Geldwertes wird er mit dafür geeigneten Waren verglichen. Besonders geeignet dafür waren Edelmetalle, insbesondere Gold. Sie sind deshalb gut geeignet, weil sie in allen Ländern schon immer ein Maß für Werte sind.

Zur Erklärung des Geldwertes sind Metalle weniger gut geeignet, weil sie verhältnismäßig selten anzutreffen sind. Deshalb soll hier auf ein anderes Verfahren zurückgegriffen werden. In wirtschaftlich schlechten Zeiten, wie im und nach dem letzten Krieg, hat das Geld keinen besonderen Wert. In solchen Zeiten wurden vorstellbare Waren als Vergleichswert herangezogen. Besonderen Wert stellten Nahrungsmittel dar, wie z.B. Bier, Bockwürste oder Brot. Damit läßt sich auch den Personen der Geldwert erklären, die ein Edelmetall nie in die Hand bekommen.

Hier soll die Bierwährung zu Grunde gelegt werden. Es ist also

1 Währungseinheit = WE = 1 Glas Bier (z.B. 0,25 l)

Angenommen, eine Brauerei mit 1000 Mitarbeitern produziert im Jahr 25 Mio Liter Bier, das entspricht 100 Mio WE.

Die Selbstkosten setzen sich zusammen aus:

Arbeitslohn   : 40 %
Zulieferungen   : 50 %
Abgaben   : 10 %

Die Selbstkosten werden in Arbeitskräften ausgedrückt:

1000 AK $\rightarrow$ 40%
1250 AK $\rightarrow$ 50%
250 AK $\rightarrow$ 10%

2500 AK $\rightarrow$ 100%

Zur Herstellung von 100 Mio WE sind also 2500 Arbeitskräfte insgesamt beteiligt. Bei 2000 Arbeitsstunden jährlich ergeben sich daraus 5000 Arbeitsstunden jährlich.

Beteiligt sind

Arbeiter + Angestellte
Leitungspersonal
Unternehmer + Aktionäre
Blindgänger
Mitarbeiter der BSV

Eine Arbeitsstunde in der Volkswirtschaft liefert also 20 WE pro Mitarbeiter. Entsprechend Abschnitt 8 ist das auch der mittlere Lohn pro Arbeitsstunde.

Nimmt man an, daß in einer Volkswirtschaft mit 2500 Beteiligten nur Bier als Ware auf dem Markt erhältlich ist, werden von jedem im Mittel 20 Glas Bier hergestellt und auch verbraucht. Der Arbeitslohn ist also gleich dem in einer Stunde geschaffenen Wert.

Mit der oben durchgeführten Rechnung ist auch der Lebensstandard angebbar, wenn die 2500 Mitarbeiter 40 statt 20 Glas pro Stunde herstellen würden, könnten sie ebenfalls 40 Glas Bier pro Stunde verbrauchen. Damit ist auch das Maß für die Arbeitsproduktivität gegeben. Anders sieht es aus, wenn 25 % Arbeitslosigkeit vorhanden ist, dann können mit der gleichen Arbeitsleistung pro Arbeitsstunde nur 75 Mio WE erzeugt werden. Bei gleicher Verteilung erhält dann jeder nur noch 30 Glas Bier. Die volkswirtschaftliche Arbeitsproduktivität ist also um 25 gesunken.

> Die Arbeitslosigkeit reduziert die volkswirtschaftliche Arbeitsproduktivität.

Um wieder auf den Geldwert zurückzugreifen, braucht man nur dem Glas Bier einen Geldwert zuzuordnen.

19. Veränderung des Geldwertes – Inflation

Es wird jährlich eine Geldentwertung festgestellt, die wie ein göttliches Gesetz unbeeinflußbar erscheint, und doch wird sie durch menschliches Wirken verursacht. Die Banken haben den Auftrag, den Geldwert stabil zu halten, es scheint ihnen aber nicht recht zu gelingen. Sie erreichen jedoch, daß die Wechselkurse einigermaßen konstant bleiben, aber nur deshalb, weil in anderen Ländern ebenfalls eine Geldentwertung stattfindet.

Die Ursachen findet man mit den Betrachtungen im Abschnitt 15. Nimmt man an, daß durch irgendeinem Grund das Absatzrisiko steigt, dann wird der Unternehmer sofort die Preise seiner Produkte erhöhen. Er muß ja auch seine Kosten abdecken. Ein solcher Grund könnte zum Beispiel die Erhöhung des Warenangebotes auf dem Markt sein, verursacht durch eine Rationalisierungsmaßnahme. Bei konstanter Kaufkraft auf dem Markt wird sich der Bedarf und der Umsatz nicht ändern. Der Unternehmer muß aber seine Selbstkosten einschließlich der Rationalisierungskosten bestreiten. Die zu verkaufenden Stückzahlen nimmt er als konstant an. Er muß deshalb die Preise erhöhen, um nicht mit Verlusten arbeiten zu müssen.

Ein anderer Grund könnte die Abnahme der Kaufkraft sein. Die Ursachen hierzu wären neue Arbeitslose, Mieterhöhungen, höhere Beiträge für Versicherungen u.a.m. Durch die Abnahme der Kaufkraft werden weniger Waren des Warenangebotes verkauft. Die Erlöse aus dem Warenverkauf sollen jedoch die Kosten des gesamten Warenangebotes decken. Der Unternehmer muß also die Preise erhöhen.

Diese Mechanismen in ihrer Vielfalt ergeben natürlich den Werteschwund der Währung. Um diesen Entwicklungen entgegen zu steuern, kommt man auf die ausgefallensten Ideen, wie zum Beispiel die Vernichtung von Teilen des Warenangebotes. Auch die Senkung der Selbstkosten durch Senkung der Lohnkosten wird angestrebt, was natürlich wieder die Kaufkraft reduziert. Auch Wirtschaftssanktionen gegenüber dem Ausland gehören dazu.
Alles ohne Erfolg.

Der Einfluß des Risikofaktors auf den Geldwert ist am einfachsten beim Fallen der Kaufkraft zu beobachten:

Erlös für die abgesetzte Anzahl N von Waren (Einheitswaren) mit dem Preis P vor einer Verteuerung:

$$E_1 = KK = N * P$$

Erlös für die reduziert abgesetzte Anzahl n − dN Waren mit dem vorherigen Preis

$$E_2 = KK - dK = (N - dN)*P$$

Erlös für die abgesetzte Anzahl N − dN Waren nach der Preiserhöhung P_{neu}

$$E_3 = (N - dN) * P_{neu}$$

Der Unternehmer strebt aber den ursprünglichen Erlös an. Er setzt also

$$E_3 = E_1 = (N - dN) * P_{neu} = N * P$$

Es ist somit

$$P = P_{neu} * \frac{N}{N - dN}$$

Das Warenangebot hatte vor und nach der Preiserhöhung die Anzahl N. Damit ergeben sich unterschiedliche Warenangebote:

$$WA_1 = N * P \quad \text{und} \quad WA_2 = N * P_{neu}$$

Damit ergeben sich die beiden Risikofaktoren zu

$$r_1 = \frac{WA_1}{E_1} \qquad r_2 = \frac{WA_2}{E_3}$$

daraus ergibt sich mit $E_3 = E_1$ die Relation

$$\frac{r_1}{r_2} \qquad \frac{P}{P_{neu}}$$

> Die Inflationsrate ist proportional zur Veränderung des Risikofaktors.

Das gleiche Ergebnis erhält man mit der Erhöhung des Warenangebotes. Hier tritt natürlich das Volkswirtschaftliche Paradoxon ein, das auch die Basis für die Preissteigerung ist. Durch Übernahme der Rationalisierungsmaßnahme bei der Konkurrenz entsteht aber ein gegenläufiger Prozeß. In der Gesamtheit der Rationalisierungen ist die allgemeine Preissteigerung auf dem Markt durchaus spürbar.

Ganz extrem sind natürlich die Einflüsse auf den Währungswert durch unbegründete Preissteigerungen. Zum Beispiel die Mieterhöhung. Ist die relative Mieterhöhung P_e und der Anteil der Miete am Gesamteinkommen P_m für den Durchschnittshaushalt, so beträgt dessen Erhöhung der Lebenshaltungskosten

$$L_p = P_m * P_e$$

War die letzte Mieterhöhung in den neuen Bundesländern im Mittel 50%, und der Anteil der Miete 20%, so ergibt sich die Erhöhung der Lebenshaltungskosten zu 10% in den neuen Bundesländern. Das bedeutet dort eine Inflation von 10%. Über das ganze Bundesgebiet gemittelt, ergibt sich ein Anteil der Mieterhöhung an der Inflationsrate von 2%.

> Eine Preiserhöhung ohne zusätzliche Arbeitsleistung führt unweigerlich zur Geldentwertung.

Es gibt noch weitere Beispiele für diese Art von Preiserhöhungen, wie

- Preiserhöhung an Waren ohne sichtlichen Grund
- Erhöhung der Fahrpreise für Nahverkehrsmittel
- Erhöhung der Benzinpreise

u.a.m.

Nur wenn zusätzliche Arbeitsleistungen als Basis vorliegen, wird eine Geldentwertung vermieden. Im allgemeinen ist die Geldentwertung gleichbedeutend mit Preiserhöhung.

Der Geldwert und damit auch die Relationen zu anderen Währungen wird mit den Preisschildern auf dem Markt festgelegt.

Die Banken können nur durch verschiedene Maßnahmen Wechselkurse in engen Grenzen verändern. Den Geldwert können sie nicht stabilisieren.

Noch einmal zur Rationalisierung, mit der man alle Veränderungen in der Wirtschaft durchexerzieren kann. Bereits im Abschnitt 14 wurde darauf hingewiesen, daß schon mit einer einzigen Rationalisierungsmaßnahme ein stetiges Abgleiten in die Rezession eingeleitet wird, um so mehr natürlich bei den fortwährenden Rationalisierungen in der Wirtschaft. Liegt erst einmal in Folge einer Rationalisierung ein gestiegener Risikofaktor vor, dann reduziert sich durch die Preissteigerung auch die Kaufkraft des bei den Marktkunden vorhandenen Geldes, d.h. die Kaufkraft KK fällt und damit erhöht sich wiederum der Risikofaktor. Auffallend ist dieser Kreisprozeß bei den Mieten. Kurz nachdem eine Mieterhöhung festgelegt wurde, wird bereits eine weitere Mieterhöhung als unbedingt notwendig gefordert.

Wenn keine dämpfenden Einflüsse vorhanden wären, so würde in wenigen Jahren jede Marktwirtschaft zu Grunde gehen. Ein wesentlicher Faktor der Dämpfung sind Maßnahmen der Gewerkschaften, die immer wieder dafür sorgen, daß die nationale Kaufkraft erhalten bleibt. In der Vergangenheit waren es hauptsächlich die Kriege, die wiederholt für einen Ausgleich sorgten. In der Zukunft aber werden die Gewerkschaften eine größere Verantwortung für die Erhaltung der Kaufkraft und eine größere Einflußnahme auf die Stabilität der Währung übernehmen müssen.

20. Anwendung in der Praxis

Gedanken zu einem Wirtschaftsaufschwung im Vergleich zur vorhandenen Lehrmeinung

Mein Anliegen war und ist es, das Rüstzeug für einen Wirtschaftsaufschwung vorzustellen. Zunächst der Ursprung. Im Jahre 1986 habe ich die ersten Schritte für eine Doktorarbeit vorgenommen. Den technischen Teil hatte ich bereits fertiggestellt. Als Philosophischen Teil erhielt ich die Aufgabenstellung:

Reduzierung des Aufwandes zur Erarbeitung des Nationalen Bruttosozialproduktes durch Zusammenarbeit von Betrieben und den Hochschulen.

Diese Aufgabe wurde vom damaligen Wirtschaftsminister der DDR an mehrere Hochschulen gerichtet. Da ich den technischen Teil bereits fertig hatte, begann ich sofort mit diesem schwierigeren Teil. Ich begann darüber nachzudenken, wie das Nationale Bruttosozialprodukt überhaupt entsteht. Mir schien damals der Produktionsbetrieb in seiner Vielfalt der wichtigste Teil dieser Aufgabe. Die Verbindung mit der wirtschaftlichen Umwelt ist durch Werteflüsse ausreichend beschreibbar.

Die folgende Bearbeitung dieser Aufgabe war eine „Spekulative Forschung", die aus einer „Prämisse" und daraus abgeleiteten „Deduktionen" besteht.
Nebenbei bemerkt, eine sehr wirksame Forschungsmethode, z.B. das Zahlensystem und die Molekularkinetische Gastheorie. Die Prämisse muß im Fachexpertenkreis als richtig anerkannt werden.

Die Deduktionen sind:

streng logische bzw. mathematisch nachfolgende Schlußfolgerungen.

Hiergegen etwas unternehmen zu wollen, kostet schon einen erheblichen Aufwand. Als Prämisse habe ich von Anfang an festgelegt mit:

Ein Betrieb kann nur das ausgeben, was er (durch Erlöse) eingenommen hat. Was er einnimmt, gibt er auch wieder aus.

Seit etwas mehr als 20 Jahren beschäftige ich mich mit diesem Thema, mehr oder weniger intensiv. Praktischen Anschauungsunterricht erhielt ich in großen Mengen. So konnte ich Bestätigung finden oder Korrekturen vornehmen. Ich habe aus diesen Gründen schon eine gewisse Kompetenz auf dem Gebiet der Volkswirtschaft gewonnen.

Die bidirektionalen Werteflüsse

Die Verbindungen des Betriebes zur volkswirtschaftlichen Umgebung erfolgt durch Werteflüsse. Am Ausgang werden Produkte geliefert deren Werte durch die Erlöse kompensiert werden. Die Werte der Zulieferungen werden ebenfalls durch entgegengesetzt gerichtete Bezahlung ausgeglichen. So erscheint der Betrieb wie ein Vierpol der Informationstechnik. Die Hintereinanderschaltung der Betriebe eine Aufeinanderfolge von Vierpolen.

20.1 Alle in der Volkswirtschaft produzierten Werte muß der private Kunde des Marktes bezahlen.

Nach einigen wenigen Deduktionen kommt man zu dieser Aussage. Es wird davon gesprochen, daß es ja auch kommerzielle Handelsgüter gibt. Die muß natürlich der private Kunde früher oder später doch bezahlen. Wenn es nicht so wäre, würden die Unternehmen schon für gesetzliche Regelungen sorgen. Zum Beispiel, wenn ein Bäcker einen kleinen Lieferwagen kauft, müssen seine Kunden diese Investition tragen. Versuchen Sie sich vorzustellen, woher die Finanzierung eines 40-Tonners stammt. Sie können sich sicher noch weitere Beispiele denken. Mit nicht vorhandenen kommerziellen Handelsgüter kann natürlich auch kein Wirtschaftsaufschwung entstehen.

20.2 Die privaten Kunden auf der Kundenseite des Marktes werden als graue amorphe Masse angesehen.

Dabei ist schon einiges bekannt, z.b. weiß man, daß die Wenigverdiener alles Geld, das Sie in die Hand kriegen, auch wieder ausgeben. Wenn man wissen will, warum der Einzelhandel zu wenig Umsatz hat, muß man natürlich schon die Kundenseite des Marktes etwas genauer untersuchen. Zunächst erst einmal das Zusammenwirken von Kaufkraft und Bedürfnissen, mit einfachen logischen Gedankengängen. Diese ergeben:

> „Bei jedem Marktkunden ist der Anteil am volkswirtschaftlichen Bedarf die Schnittmenge zwischen den Bedürfnissen und der Kaufkraft."

Es entsteht also kein volkswirtschaftlicher Bedarf, wenn bei vorhandenen Bedürfnissen keine Kaufkraft vorhanden ist. Es

gibt aber auch keinen volkswirtschaftlichen Bedarf bei fehlenden Bedürfnissen und vorhandener Kaufkraft, wie z.B.
bei den Besserverdienern, die alles schon besitzen. Die über-
flüssige Kaufkraft wird gespart (oder in Aktien angelegt).
Die Marktkunden unterscheiden sich in ihrem Marktver-
halten. Während die Wenigverdienenden fast alles Einkommen auch sofort wieder ausgeben, werden die Besserverdienenden vorwiegend sparen, weil dort eben die Bedürfnisse
gering sind.

Nachsatz:
Bei den Reformen der Rot-Grünen Regierung hat man den
Bedürftigen jeden möglichen Euro abgenommen, während
die Besserverdienenden Steuergeschenke erhielten. Das Ergebnis ist bekannt:

Rückgang des Einzelhandelumsatzes
Erhöhung der Sparguthaben

(Das ist natürlich eine Binsenweisheit, welche die damalige
Regierung hätte kennen müssen). Natürlich sind hier zwei
verschiedene Kundengruppen beteiligt. Die Hoffnung darauf, daß die Sparguthaben mit großem Überzeugungsaufwand
irgendwie marktwirksam werden, ist also illusorisch.
Eine Änderung der Wirtschaftslage ist also nicht zu erwarten.

20.3 Die Volkswirtschaft ist ein instabiler Regelkreis.

Die meisten Fachleute der Wirtschaft werden mit diesem
Begriff kaum etwas anfangen können. Sie werden weder den
Begriff und schon gar nicht dessen Wirkungsweise kennen.
Man kommt auch ohne diese Kenntnisse aus. Man muß aber
von deren Eigenwilligkeit zumindest wissen.

A. Der instabile Regelkreis hat anscheinend ein Eigenleben. Einflußnahmen, die eine bestimmte Wirkung zeigen sollen, bewirken etwas ganz anderes. (siehe Reformen der Rot-Grünen Regierung). Diese Erfahrung macht fast jeder, der unversehens mit einem instabilen Regkreis konfrontiert wird.

B. Der instabile Regelkreis hat eine verstärkende Wirkung, allerdings in positiver – aber auch negativer Richtung. Daraus folgte die Behauptung: Die Wirtschaft wird das (eine Fehlentwicklung) schon wieder heilen. Es ist aber auch so, daß die vielen Arbeitslosen wieder neue Arbeitslose erzeugen.

C. Der instabile Regelkreislauf kann leicht außer Kontrolle geraten. Mit diesem Kapitel möchte ich ausführen, daß die jetzt in Mode befindlichen Kenntnisse im Gebiet der Volkswirtschaft nicht ausreichen, um damit einen Wirtschaftsaufschwung zu erwirken. Ich möchte das wie folgt begründen:

a. Die jetzt übliche Ökonomie ist durch das Fachgebiet „Betriebswirtschaft" geprägt.
Sie beschäftigt sich im Wesentlichen mit den Problemen *innerhalb* der Betriebe. Dort haben die kommerziellen Handelswaren eine gewisse Wichtigkeit. Die Auseinandersetzung auf dem Markt muß dann von einem nachfolgenden Betrieb übernommen werden.

b. Die hier beschriebene Volkswirtschaft ist das Zusammenwirken der Betriebe, die Marktwirtschaft mit den unterschiedlichen Kunden und was wohl das Wichtigste ist, die Einbeziehung des privaten Bereiches in die Volkswirtschaft. Diese Aufgabenstellung ist wohl sehr unterschiedlich zur

Betriebswirtschaft. So stellt man z.B. hier fest, daß die kommerziellen Handelgüter später doch von den Kunden bezahlt werden müssen.

20.4 Die Globalisierung

Die Globalisierung wird viel dazu verwendet, den Wenigverdienern auch den letztmöglichen Euro noch aus der Tasche zu ziehen. Die Unternehmer versprechen sich große Profite in den Billiglohnländern. Aber die produzierten Erzeugnisse müssen erst einmal abgesetzt werden. Wenn aber in Deutschland und den anderen europäischen Ländern eine große Arbeitslosigkeit herrscht, wird ein Absatz schwer möglich sein. Es könnte der Fall eintreten, daß der Wert dieser Erzeugnisse die Herstellungskosten nur sehr wenig überschreitet.

Für die Unternehmer ist die Globalisierung ein Silberstreifen am Horizont. Es könnte aber auch eine Fata Morgana sein.

21. Vorbereitung zur Berechnung eines Wirtschaftsaufschwunges

Von fast allen Fachexperten der Ökonomie wird die Meinung vertreten, daß es kein Patentrezept für einen Wirtschaftsaufschwung gibt. Das wird wohl auch so sein. Aber man wird sich doch Gedanken über realisierbare Möglichkeiten machen können. So hat sich z.b. Herr Lothar Späth Gedanken über aufzubauende Hochtechnologiezentren gemacht, die ich auch für interessant halte. Bei der gegenwärtigen Entwicklung der Arbeitslosenzahlen halte ich es für unbedingt erforderlich, kurzfristig eine oder mehrere Lösungen zu haben. Die Parteien heizen mit ihren finanziellen Belastungen der Wenigverdiener die Wirtschaftskrise nur noch weiter an. Etwas anderes können sie sich gar nicht denken. Überlassen Sie bitte nicht die Durchsetzung eines Wirtschaftsaufschwunges den Rechtsradikalen.

21.1 Reihenfolge der Einführung von Arbeitsplätzen

Von fast allen Fachleuten wird ausgesagt, daß erst einmal die mittelständigen Betriebe neue Arbeitsplätze zu schaffen haben. Das ist aber zunächst eine Frage der Kosten. Es ist leicht einzusehen, daß man nicht mit den hohen Löhnen der großen Betriebe anfangen wird. Die mittelständischen Betriebe werden mit kleineren Löhnen mehr Arbeitsplätze schaffen können.

21.2 Kosten eines Arbeitsplatzes

Man muß natürlich erst einmal wissen, wie teuer ein neuer Arbeitsplatz ist. Ich habe einen mittelständischen Unternehmer gefragt. Vorher aber noch meine eigene Einschätzung mit etwa 50.000 Euro pro Jahr. Der befragte Unternehmer in Ostberlin legt die Kosten einer Arbeitsstunde in Höhe von 30 Euro zu Grunde, das sind Jahreskosten von 60.000 Euro. Im Fernsehen wurden für die Altbundesländer Stundenkosten von 45 Euro genannt. Das wären 90.0000 Euro im Jahr.

21.3 Effizienz der eingesetzten Fördermittel

Den Anteil der Fördermittel, der letztendlich zum Erhalt und Neuaufbau von Arbeitsplätzen führt, nenne ich *Effizienz* der Fördermittel. Der erste und wichtigste Schritt ist dazu der realisierte Warenverkauf auf dem Markt an die privaten Kunden. Dazu vielleicht der folgende Zusammenhang:

Verkaufte volkswirtschaftliche Warenmenge bleibt konstant, das ergibt:
    Konstante Anzahl von Arbeitskräften und Arbeitslosen.

Verkaufte volkswirtschaftliche Warenmenge nimmt ab, das ergibt:
    Anzahl der Arbeitsplätze nimmt ab – die Arbeitslosenzahl nimmt zu.

Verkaufte volkswirtschaftliche Warenmenge nimmt zu, das ergibt:
    Anzahl der Arbeitsplätze nimmt zu – die Arbeitslosenzahl nimmt ab.

Diese Zusammenhänge sind nicht zwingend, d.h. nicht mathematisch ableitbar, aber sie werden sich mit großer Wahrscheinlichkeit einstellen.
Zunächst wird hier ein einzelner Marktkunde betrachtet. Er kommt mit seiner Kaufkraft, die seinem Einkommen ent-

spricht, auf den Markt. Er wird dort alles kaufen, was er zur Befriedigung seiner Bedürfnisse benötigt. Die Grenze ist entweder die vorhandene Kaufkraft oder nicht vorhandene Bedürfnisse. Der Rest des Einkommens wird gespart oder in Wertpapieren angelegt. Dabei ist zu beachten, daß auch die Wenigverdiener sparen, auch dann wenn sie noch mehr ausgeben könnten. Aber man will sparen für bestimmte Anschaffungen oder um immer auf eintreffende Anforderungen besser vorbereitet sein.

Die Zusammenhänge zwischen Einkommen, Spareinlagen und volkswirtschaftlichem Bedarf sind in den Bildern 16 und 17 dargestellt.

Man kann natürlich die Effizienz jedes Marktkunden durch Befragen ermitteln und die Marktumsätze addieren. Man wird hier die Lehren des Mathematikers C.F. Gauß auf dem Gebiet der Ausgleichsrechnung einsetzen. Insbesondere darin die Eigenschaften der großen Zahlenmengen. Diese Lehren werden dort eingesetzt, wo große Zahlenmengen zu verarbeiten sind. Zur Ermittlung der Effizienz einer Einkommensgruppe z.B. 0,95 * M bis 1,05 * M wird (M = mittleres Einkommen) eine Anzahl, z.B. 100 Marktkunden danach befragt, was sie im Schnitt monatlich auf dem Markt ausgeben und wie viel sie im Schnitt sparen. Das Ergebnis hat nach C.F. Gauß so eine Genauigkeit von 10%. Nach meiner Schätzung, die noch nicht bewiesen ist, müßte bei KK = M eine Effizienz von

$$\text{eff} = \frac{\text{monatlich auf dem Markt ausgegeben}}{\text{Gesamteinkommen}} = 0,8 = 80\%$$

vorliegen. Vergleichen Sie dazu die Darstellung im Bild 18. So kann man für verschiedene Einkommensgruppen die Effi-

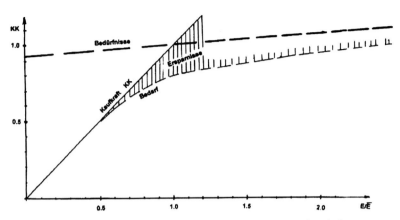

Bild 16 Zusammenhang zwischen Bedürfnissen, Einkommen und Bedarf
E = Mittelwert der Einkommen

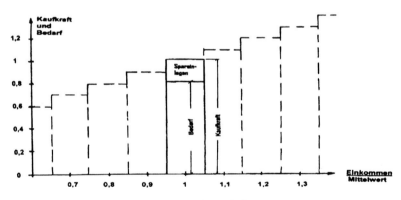

Bild 17 Ausschnitt aus Bild 1 Bildung des Bedarfs

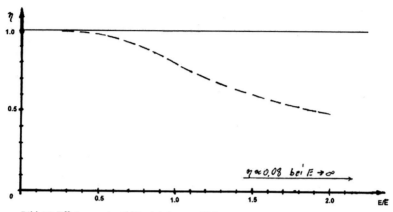

Bild 18 Effizienz η in Abhängigkeit vom Einkommen
E = Mittelwert der Einkommen

zienz ermitteln. Ausgangsbasis ist natürlich die Darstellung des Bedarfes in Abhängigkeit vom Einkommen der Marktkunden. Es ist leicht zu erkennen, daß bei den Wenigverdienern unterhalb 0,5 * M alles Einkommen auf dem Markt ausgegeben wird. Dort ist in einem großen Bereich die Effizienz = 1. Die zweite Grenze sind die Bedürfnisse. Natürlich nehmen mit dem Einkommen auch die Bedürfnisse zu, was sich vielleicht an teueren und mehr Autos, kostspieligen Urlaubsunternehmungen, Villen und ähnlichen Dingen bemerkbar macht. Ich habe eine konstante Steigerung von 8% pro Mittelwert-Abstand angenommen.

Was natürlich noch nachgeprüft werden müßte. Diese Grenze wird bei sehr großen Einkommen gerade tangiert. Die Effizienz beträgt dort deshalb auch etwa 8%. Bei diesen Einkommenshöhen wird natürlich die Kaufkraft die Bedürfnisse übersteigen. Im Bild 18 ist die Abhängigkeit der Effizienz vom Einkommen dargestellt. Einige Ausgangswerte sind mehr oder weniger grob geschätzt. Aber auch bei genaueren Ausgangswerten werden sich keine großen Änderungen ergeben,

66

obwohl es trotzdem zu empfehlen wäre, die Ausgangswerte durch Befragungen zu präzisieren.

Im Bild 18 ist zu erkennen, daß bei Einkommen bis 2 x Mittelwert die Effizienz oberhalb 0,5 liegt. In diesem Bereich sind die überwiegende Menge von Fördermitteln einzusetzen, um damit einen Wirtschaftsaufschwung zu erzielen.

22. Weitere Gedanken zur Anwendung in der Praxis

Im Bild 18 ist klar zu erkennen, daß die Effizienz des Fördermitteleinsatzes schwerpunktmäßig bei den Wenigverdienern am größten ist. Das ist also der Personenkreis, für den der Fördermitteleinsatz am wirksamsten ist. Das ist keine soziale Gefühlsduselei, sondern harte wirtschaftliche Realität. Um eine mittlere Effizienz von 80% zu erzielen, wird man die Fördermittel auf eine Einkommensbreite von 0 bis 2 x Mittelwert verteilen müssen.

Ich habe dazu eine Reihenfolge der Wenigverdiener wie folgt aufgestellt:

- Kinder (die gesamte Ausbildung)
- Obdachlose
- Kranke (das gesamte Gesundheitswesen)
- Hartz IV Empfänger
- die Wenigverdienenden unter den
  Arbeitslosen
  Arbeitern
  Angestellten
  Rentnern

Das Ziel dabei ist natürlich, möglichst viele Personen in Arbeitsprozesse eingliedern zu können. Bei einigen Personen wird eine Rehabilitationsphase dazu erforderlich sein. Ich denke dabei an Hartz IV Empfänger, Langzeit-Arbeitslose und natürlich die Obdachlosen. Bei letzteren sind mitunter Entwöhnungsphasen und Krankenhausaufenthalte erforderlich. Bei einigen Obdachlosen wird eine Eingliederung nicht mehr möglich sein. Dort sind aber menschenwürdige Lösungen zu finden, wie z.B. ausreichende Renten oder Heimunterbringungen. Hier muß ich darauf hinweisen, daß dieser Personenkreis im Wesentlichen durch die fehlerhafte Wirtschaftspolitik der Bundesregierung in die Armut geraten ist. Bei der Rehabilitation können natürlich mehrere Wege beschritten werden. Dazu könnte an einen Einsatz in der Landwirtschaft, in Krankenhäusern oder in Klöstern gedacht werden. Also ähnlich dem Einsatz in der Zivilverteidigung. Wichtig ist dabei die körperliche Ertüchtigung und Grundschulabschluß.

23. Berechnung der Kosten für einen Wirtschaftsaufschwung

23.1 Die Eingangsgrößen für eine Berechnung sind:

a. Die Menge der fehlenden Arbeitsplätze.
    Hier will ich von 5 Mio Arbeitslosen ausgehen, obwohl ich zunächst etwa 10 Mio fehlende Arbeitsplätze einschätze.

b. Die Kosten einer Arbeitsstunde.
    Ich habe selbst eine mittelständischen Unternehmer gefragt, was er für einen neu einzurichtenden Arbeitsplatz benötige. Er sagte mir, daß er dazu *Aufträge* in Höhe von 60.000 Euro jährlich benötige – keine Geldsumme. Im Fernsehen hörte ich, daß in Niedersachsen mit etwa 90.000 Euro gerechnet werden müsse. Zwischen beiden Werten ist also diese Größe anzusetzen.

c. Die Frequenz der Arbeitsplatzvernichtungen (Arbeitslosenfrequenz) Diese Größe ist mir offiziell noch nicht bekannt. Bekannt wurden mir 1000 bis 1200 Arbeitsplätze pro Tag. Ich habe zunächst 1000 angenommen.

23.2 Die lineare Berechnung

Mit zunehmender Zeit steigt die Arbeitslosigkeit wie folgt:

$$a(t) = a_0 + a_f * t$$

mit a_0 = Arbeitslosenzahl am Anfang, hier 5 Mio.
     a_f = Arbeitslosenfrequenz, hier 1000 Arbeitsplätze pro Tag

Es ist aber sinnvoll, immer Zeitspannen von Jahren vorzugeben, deshalb ist

a_f = 365.000 Arbeitsplätze pro Jahr

Durch Zuführung von Fördermitten in Höhe von f Euro pro Jahr sollen alle Arbeitslosen einen Arbeitsplatz in T Jahren erhalten haben. Mit

k = Kosten pro Arbeitsplatz muß sein:
$a(T) = a_0 + a_f * T = f * T / k$

daraus ergibt sich:

$$f = k * (a_0 + a_f * T) / T$$

Vergleichen Sie hierzu Bild 19. Auf den Seiten 74 bis 79 sind die erforderlichen Fördermittel für verschiedene Aufbauzeiten dargestellt.

23.3 Nutzung als instabiler Regelkreis

Die mathematische Funktionsbeschreibung eines instabilen Kreises kann sehr kompliziert sein. Ich werde aber hier als Näherung die einfachste Lösung einsetzen. Der Ansatz dazu ist:

$$da = p * a * dt - (f / k) * dt$$

mit

da = kleine Änderung der Arbeitslosenzahlen, z.B. monatlich
p = Rückkopplungskonstante
f = jährliche Fördermittel
k = jährliche Kosten eines Arbeitsplatzes
dt = kleine Zeitspanne, z.B. 1 Monat

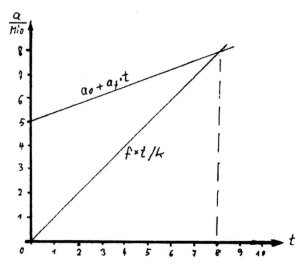

Bild 19 Ermittlung der benötigten Fördermittel - linearer Ablauf
a = Anzahl der Arbeitslosen

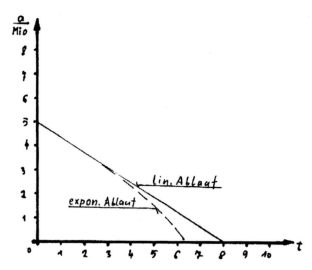

Bild 20 Nutzung der Verstärkung des inst. Regelkreises
f = 59,40 Mrd. Euro/Jahr

Die Lösung dieser Differentialgleichung lautet:

$$a(t) = m * \exp(p \times t) + n$$

mit $n = f / k$ und $m = a_0 - f / k$ sowie $p = af / m$

Es gilt also:

$$a(T) = (a_0 - f / k) * \exp(p \times T) + f / k = 0$$

Man erhält so für die Menge der Fördermittel:

$$f = k * a_0 * \frac{\exp(p * T)}{\exp(p * T) - 1}$$

Vergleiche hierzu Bild 20. Einige der berechneten Fördermittelhöhen sind auf den folgenden Seiten dargestellt. Dabei ist natürlich anzumerken, daß die berechneten Beträge nur als Schätzwerte aufzufassen sind. Wenn auch die Berechnungen die ökonomischen Verhältnisse genau wiedergeben, so können auch nicht erkannte Störungen einen Einfluß ausüben. Zum Beispiel eben auch menschliche Fehler bei der Verteilung der Fördermittel. Oder auch die Nichtbildung von Arbeitsplätzen trotz gestiegenem Marktbedarf. Wichtig ist natürlich die Erkenntnis der Mechanismen, die zu einem Wirtschaftsaufschwung gehören.

Fördermittelbedarf für einen Wirtschaftsaufbau abhängig von der Aufbauzeit in Mrd. Euro pro Jahr (eff = Effizienz) – Tab. 1 und 2

Kosten für eine Arbeitsstunde: 45 Euro
Anzahl der fehlenden Arbeitsplätze: 0,5 Millionen
Arbeitsplatzverluste pro Tag: 1000

t Jahre	eff = 100 % f lin	f ges	f exp	f exp
1	48	48	47	47
2	26	52	24	48
3	18	55	17	50
4	15	58	13	52
5	12	61	11	54
6	11	65	9	56
7	10	68	8	57
8	9	71	7	59
9	8	75	7	61
10	8	78	6	63

Tab. 1

t Jahre	eff = 80 % f lin	f ges	f exp	f exp
1	60	60	58	58
2	32	64	30	60
3	23	69	21	63
4	18	73	16	65
5	15	77	13	67
6	13	81	12	69
7	12	85	10	72
8	11	89	9	74
9	10	93	9	77
10	10	97	8	79

Tab. 2

Fördermittelbedarf für einen Wirtschaftsaufbau abhängig von der Aufbauzeit in Mrd. Euro pro Jahr (eff = Effizienz) – Tab. 3 und 4

Kosten für eine Arbeitsstunde: 45 Euro
Anzahl der fehlenden Arbeitsplätze: 1 Million
Arbeitsplatzverluste pro Tag: 200

```
            eff = 100 %
    t     f      f      f      f
  Jahre  lin    ges    exp    exp

    1     97     97     93     93
    2     52    103     48     97
    3     37    110     33    100
    4     29    116     26    104
    5     25    123     21    107
    6     22    129     19    111
    7     19    136     16    115
    8     18    143     15    119
    9     17    149     14    123
Tab. 3  10     16    156     13    127
```

```
            eff = 80 %
    t     f      f      f      f
  Jahre  lin    ges    exp    exp

    1    121    121    117    117
    2     64    129     60    121
    3     46    137     42    125
    4     36    145     32    130
    5     31    154     27    134
    6     27    162     23    139
    7     24    170     21    144
    8     22    178     19    149
    9     21    186     17    153
Tab. 4  10     19    195     16    159
```

Fördermittelbedarf für einen Wirtschaftsaufbau abhängig von der Aufbauzeit in Mrd. Euro pro Jahr (eff = Effizienz) – Tab. 5 und 6

Kosten für eine Arbeitsstunde: 45 Euro
Anzahl der fehlenden Arbeitsplätze: 5 Millionen
Arbeitsplatzverluste pro Tag: 1000

t Jahre	eff = 100 % f lin	f ges	f exp	f exp
1	483	483	467	467
2	258	516	242	484
3	183	549	167	501
4	145	581	130	519
5	123	614	107	537
6	108	647	93	556
7	97	680	82	575
8	89	713	74	594
9	83	746	68	614
10	78	779	63	634

Tab. 5

t Jahre	eff = 80 % f lin	f ges	f exp	f exp
1	604	604	583	583
2	322	645	302	605
3	229	686	209	626
4	182	727	162	649
5	154	768	134	671
6	135	809	116	695
7	121	850	103	718
8	111	891	93	743
9	104	932	85	767
10	97	973	79	793

Tab. 6

Fördermittelbedarf für einen Wirtschaftsaufbau abhängig von der Aufbauzeit in Mrd. Euro pro Jahr (eff = Effizienz) – Tab. 7 und 8

Kosten für eine Arbeitsstunde: 30 Euro
Anzahl der fehlenden Arbeitsplätze: 0,5 Millionen
Arbeitsplatzverluste pro Tag: 100

	eff = 100 %			
t Jahre	f lin	f ges	f exp	f exp
1	32	32	31	31
2	17	34	16	32
3	12	37	11	33
4	10	39	9	35
5	8	41	7	36
6	7	43	6	37
7	6	45	5	38
8	6	48	5	40
9	6	50	5	41
10	5	52	4	42

Tab. 7

	eff = 80 %			
t Jahre	f lin	f ges	f exp	f exp
1	40	40	39	39
2	21	43	20	40
3	15	46	14	42
4	12	48	11	43
5	10	51	9	45
6	9	54	8	46
7	8	57	7	48
8	7	59	6	50
9	7	62	6	51
10	6	65	5	53

Tab. 8

Fördermittelbedarf für einen Wirtschaftsaufbau abhängig von der Aufbauzeit in Mrd. Euro pro Jahr (eff = Effizienz)
– Tab. 9 und 10

Kosten für eine Arbeitsstunde: 30 Euro
Anzahl der fehlenden Arbeitsplätze: 1 Million
Arbeitsplatzverluste pro Tag: 200

		eff = 100 %		
t Jahre	f lin	f ges	f exp	f exp
1	64	64	62	62
2	34	69	32	64
3	24	73	22	67
4	19	78	17	69
5	16	82	14	72
6	14	86	12	74
7	13	91	11	77
8	12	95	10	79
9	11	99	9	82
10	10	104	8	85

Tab. 9

		eff = 80 %		
t Jahre	f lin	f ges	f exp	f exp
1	80	80	78	78
2	43	86	40	81
3	30	91	28	84
4	24	97	22	86
5	20	102	18	90
6	18	108	15	93
7	16	113	14	96
8	15	119	12	99
9	14	124	11	102
10	13	130	11	106

Tab. 10

Fördermittelbedarf für einen Wirtschaftsaufbau abhängig von der Aufbauzeit in Mrd. Euro pro Jahr (eff = Effizienz) – Tab. 11 und 12

Kosten für eine Arbeitsstunde: 30 Euro
Anzahl der fehlenden Arbeitsplätze: 5 Millionen
Arbeitsplatzverluste pro Tag: 1000

	eff = 100 %			
t Jahre	f lin	f ges	f exp	f exp
1	322	322	311	311
2	172	344	161	322
3	122	366	111	334
4	97	388	86	346
5	82	410	72	358
6	72	431	62	370
7	65	453	55	383
8	59	475	50	396
9	55	497	45	409
10	52	519	42	423

Tab. 11

	eff = 80 %			
t Jahre	f lin	f ges	f exp	f exp
1	402	402	389	389
2	215	430	202	403
3	152	457	139	418
4	121	484	108	432
5	102	512	90	448
6	90	539	77	463
7	81	567	68	479
8	74	594	62	495
9	69	621	57	512
10	65	649	53	528

Tab. 12

Abschließendes

Wenn ich hier die Volkswirtschaft aus einer sonst nicht üblichen Sicht beschrieben habe, so geschah es wegen meiner Ausbildung und wegen meiner Erfahrungen in 40 Jahren DDR-Geschichte. Sicher war die DDR keine gute Lehrmeisterin auf diesem Gebiet, aber man konnte lernen, wie es mit Sicherheit nicht geht. Des weiteren konnte ich miterleben, wie eine übertriebene Sparsamkeit einen Betrieb ruinierte. Andererseits sah ich die Zunahme des Ansehens des Betriebes infolge der engagierten aktiven Mitarbeit und Mitwirkung der Mitarbeiter. Hier liegen auch die Möglichkeiten für die Verbesserung der Wirtschaftssituation in unserem Land. Es bleibt jedoch noch eine Menge wissenschaftlicher Arbeit erforderlich. Ich möchte nur auf die Präzisierungen der Abhängigkeiten in den Bildern 13, 14, 15 auf Grund von statistisch ermittelten Daten hinweisen, auch auf die Weiterführung der Arbeiten auf dem Gebiet des Geldwertes, aber auch die sicher umfangreichen Untersuchungen an der Instabilität einer Volkswirtschaft. Vielleicht konnte ich mit meinen Ausführungen einen kleinen Beitrag für das Erkennen der Vorgänge in der Volkswirtschaft leisten.

Fritz Lang
Email: fritzlang1927@web.de

Christian Ziebe

Qualität von Dienstleistungen erlebbar machen

Gerade für Dienstleistungsunternehmen reicht es aufgrund von transparenten und flexiblen Angeboten nicht mehr aus, Kunden nur noch zufrieden zu stellen. Kunden müssen vielmehr emotional an das Unternehmen gebunden werden. Qualitative und professionelle Leistungserbringung, persönlicher Kontakt, unbürokratisches und pragmatisches Handeln sind einige Schlagworte, die Kunden von einem Unternehmen zu überzeugen. Es bestehen echte Chancen sich gegenüber von Wettbewerbern über die Qualität – und somit nicht über den Preis – teils sehr deutlich abzuheben. Dieses Buch soll Menschen, die sich näher mit dem Thema Qualität beschäftigen wollen, Anregungen für die Praxis vermitteln, mit dem Ziel, die Qualität im Unternehmen stärker zu verankern und damit nachhaltige Erfolge zu erzielen.

Zur Bereicherung der Lektüre ist in diesem Buch eine CD enthalten, die unterstützendes Material zur praktischen Umsetzung im PDF- und PowerPoint-Format die Ordner „Präsentation", „Lexikon" und „Dokumente und Checklisten" anbietet.

ISBN 978-3-86634-242-2	**Hardcover, 20 x 25 cm**
Preis: 24,80 Euro	**166 Seiten**
ISBN 978-3-86634-241-5	**Paperback, 13,8 x 19,6 cm**
Preis: 18,50 Euro	**166 Seiten**

Heerke Hummel

**Die Finanzgesellsch
ihre Illusion vom Reic**

Geld regiert die Welt ...
Eine altbekannte Binsenweisheit. Doch wie
oniert das überhaupt? Die finanzpolitisch
flechtungen der modernen Welt sind une
lich – ein weiterer Allgemeinplatz, der die ı
Menschen daran hindert, auch nur den Ver
unternehmen, darüber nachzudenken, wc
den Dingen steckt, die in der Welt passieren
ist die Antwort so einfach: das Geld. „Unser
system ist keine Naturgewalt", schreibt de
„es gehorcht Gesetzen, die man erkennen
Nach jahrzehntelanger Arbeit legt der Wirts
journalist Heerke Hummel eine tief schürfen
umfassende Arbeit vor, die den gesellschaf
Reproduktionsprozess der Moderne beleuch
Buch, das jeder Student der Wirtschaftswisser
ten gelesen haben sollte.

ISBN 3-86634-048-6   Hardcover, 20
Preis: 38,25 Euro   50